Balduin Möllhausen

**Die Dreilinden-Lieder**

Balduin Möllhausen

**Die Dreilinden-Lieder**

ISBN/EAN: 9783743418684

Hergestellt in Europa, USA, Kanada, Australien, Japan

Cover: Foto ©Thomas Meinert / pixelio.de

Manufactured and distributed by brebook publishing software
(www.brebook.com)

Balduin Möllhausen

**Die Dreilinden-Lieder**

Die

# reilinden-Lieder

von

## Balduin Möllhausen.

Der gesammte Reinertrag
ist für das in Metz dem General-Feldmarschall Prinzen Friedrich Karl
zu errichtende Denkmal bestimmt.

Mit einem Bildnisse des Prinzen Friedrich Karl, dem Bildnisse der Tafelrunde und
zahlreichen Originalzeichnungen.

Berlin 1896.
Ernst Siegfried Mittler und Sohn
Königliche Hofbuchhandlung
Kochstraße 68—71.

# Inhaltsverzeichniß.

# Einleitung.

Schüchtern wage ich, noch am späten Lebensabend zum ersten Mal mit einer Sammlung anspruchsloser Dichtungen, den „Dreilinden-Liedern", vor die Oeffentlichkeit zu treten. Ermuthigung schöpfte ich aus tiefer Dankbarkeit und Verehrung, Empfindungen, von denen Alle unwiderstehlich durchdrungen gewesen, die der verewigte Prinz Friedrich Karl durch wohlwollendes Heranziehen zu einem näheren Verkehr beglückte und ehrte. Ein anderer Beweggrund war, den noch lebenden Mitgliedern der von ihm gestifteten Tafelrunde, aber auch den Angehörigen der in der Schlacht gefallenen und später verstorbenen ein sprechendes Erinnerungszeichen an die schönen Stunden in dem Jagdhause Dreilinden zu hinterlassen. Es leitet mich zugleich die Hoffnung, daß die arglosen Kinder des Frohsinns und ernsterer Anschauungen dazu beitragen, das gleichsam gesonderte Bild des fürstlichen Klausners so, wie es nur wenigen Bevorzugten vertraut geworden, in ein klareres Licht zu stellen und auch in weitesten Kreisen Schlüsse auf seine unbegrenzte Herzensgüte, auf sein stilles sinniges Gemüthsleben nahe zu legen. Ueber den Umfang der von ihm, namentlich in Militärkreisen, erwiesenen Wohlthaten hätte nur er allein Auskunft ertheilen können. — —

Eine Trauerkunde durchlief am 15. Juni 1885 das Deutsche
Reich. Ihren Widerhall fand sie weit über dessen Grenzen hinaus. Der Prinz Friedrich Karl war in dem Jagdschloß Glienicke
einem Schlagfluß erlegen. In seinem siebenundfünfzigsten Jahre
hatte der Tod ihn jäh abberufen. Die erste Nachricht seines Ab-
lebens erzeugte Schrecken. Galt seine Person doch gewissermaßen
als Inbegriff der ungezählten Siege, die er als General-Feldmarschall in mörderischen Schlachten erfocht. Im Uebrigen war
er dem Volke mehr oder minder fremd geblieben. Man kannte
ihn im Allgemeinen nur als den undurchdringlich ernsten, strengen
Soldaten. Abhold jedem öffentlichen Gepränge und geräuschvollen
Beifall, erzeugte es sogar den Eindruck, als ob er die ihm inne-
wohnenden rein menschlich milden Regungen, wenn auch absichts-
los, verheimlicht habe. Um so leuchtender gelangten sie dafür
zum Durchbruch, wenn er in dem von ihm gewählten engeren
Kreise den Augen der Welt sich entrückt wußte. Mit dieser eigen-
thümlichen Neigung zur Zurückgezogenheit ging Hand in Hand
eine scharf ausgeprägte Liebe zur Natur. Ob daheim in seinem
eigenen Walde einsam umherschweifend, ob auf hoher sturm-
bewegter See, die ihn mächtig anzog, ob auf den stillen Gewässern
gigantisch eingerahmter Fjorde oder angesichts des gletscher-
gekrönten skandinavischen Jotun- oder Riesengebirges mit den
gespenstisch finster starrenden Zacken und Hörnern: überall trat
diese Liebe für den aufmerksamen Beobachter unzweideutig zu
Tage. Zum verständlicheren Ausdruck gelangte sie, als er im
Jahre 1859 das zwischen Berlin und Potsdam gelegene Ritter-
gut Zehlendorf und die Försterei Dreilinden ankaufte. Diese
erhebt sich, von der Eisenbahnstation Wannsee in einem Viertel-
stündchen mäßigen Einherschreitens erreichbar, in dem Forst versteckt
auf einer kleinen Lichtung. Dort gründete der Prinz sein Tusculum
durch einen Anbau. Nach seinen genauen Angaben errichtet
und beschattet von drei Linden, vervollständigt es ein freundliches
Waldidyll. Aeußerlich anspruchslos, aber zierlich, umschließt es
acht oder neun Räume, die indessen, mit echt waidmännischem
Geschmack eingerichtet, die Neigungen des hohen Herrn ver-

anschaulichten. Hier suchte er geistige Ruhe und Erholung. Die gänzliche Zwanglosigkeit erhöhte die Genüsse, die das Leben eines schlichten Waidmannes ihm bot.

Mit der Pünktlichkeit der dem Wandertriebe folgenden Schnepfe siedelte der fürstliche Jagdherr zweimal im Jahre auf fünf bis sieben Wochen nach Dreilinden über: im Frühling gegen Ende März, im Herbst gewöhnlich in der zweiten Hälfte des Oktober. Auf Berlin entfielen höchstens drei Wintermonate; den Sommer verbrachte er dagegen, wenn nicht auf Reisen, zum Theil in dem Jagdschloß Glienicke bei Potsdam oder, in den letzten Jahren, auf Rügen. Nur ein Adjutant begleitete ihn in die ihm so liebgewordene Waldeinsamkeit. Wenn nicht leidenschaftlich dem Waidwerk obliegend oder ernsten wissenschaftlichen Studien eifrig hingegeben, besichtigte er wohl eine Sammlung prächtig gefiederter Fasanen und Papageien oder durchstreifte, nur mit Stab und Gartenmesser ausgerüstet und gefolgt von Zänker, einem ver- ständigen Teckel, lustwandelnd die Umgebung. Dann konnte man ihn beobachten, wie er liebevoll bald diesem, bald jenem jungen Baume durch Entfernen Säfte raubender Wasserreiser das un- gehemmte Wachsen erleichterte. Große Befriedigung gewährte ihm eine kleine Schonung in der Nachbarschaft, wo Koniferen und Eichen, lauter Kinder ferner Zonen, sich verheißend dem Erdreich entwanden. Vorzugsweise schenkte er seine Aufmerk- samkeit der Douglastanne und den Nachkommen der Wellingtonia gigantea, jener Riesenbäume, die in Kalifornien thurmartig bis zu einer unglaublichen Höhe emporragen und deren Jugend, nach den Jahresringen berechnet, bis weit in die vorchristliche Zeit zurückreicht.

Das Verweilen auf Rügen gewann für den Prinzen erhöhte Reize durch die Nähe des Meeres und den gelegentlichen Verkehr auf den in der Swinemünder Bucht oder vor Saßnitz ankernden und manövrirenden Kriegsschiffen, deren Offiziere er gern als Gäste bei sich sah. Er bewohnte dort mit seiner Begleitung vier skandinavische Holzhäuser, die, in allen Bestandtheilen fertig, von Norwegen herübergeschafft und in geringer Entfernung von

Saßnitz auf einer höheren Abflachung mit der Aussicht auf die
See errichtet worden waren. Einen äußeren charakteristischen
Schmuck erhielten sie durch sinnig geordnete oder in Tischform
aufgestellte Felsplatten und Blöcke, die den Hünengräbern entführt
worden, wie durch tief ausgehöhlte Mahlsteine, die mit üppig
wuchernden Farrenkräutern fremdartige Gruppen bildeten. Andere
nordische Alterthümer reihten sich im Innern auf langen Konsol-
brettern aneinander. Ein vollgetakelter Schoonermast mit der
prinzlichen Standarte verkündete weithin die Lage des fürstlichen
Heims, welchem der aus der Steinzeit herübergekommene Name
Uskan*) beigelegt wurde. So verstand es der Prinz, überall, wo
er, wenn auch nur vorübergehend, festen Fuß faßte, seine Umgebung mit den örtlichen Eigenthümlichkeiten poetisch in Einklang
zu bringen.

Obwohl der Prinz während seiner Anwesenheit im Jagd-
hause Dreilinden das Leben eines Klausners führte, vernach-
lässigte er doch nicht seine Vorliebe für anregende Geselligkeit, die
sich indessen in einem genau begrenzten Rahmen bewegte. Mehrere
Male wöchentlich sah er zum Mittagessen Gäste bei sich. Berlin
stellte regelmäßig sechs Herren, Potsdam deren vier, so daß nie
mehr, aber auch nie weniger als zwölf Mitglieder sich um den
großen quadratischen Tisch reihten. Zwischendurch lautete die
Einladung: „Zum Abendessen", beschränkte sich dann aber auf
höchstens vier Gäste. Dem einfachen Mahl folgte in solchen
Fällen ein Plauderstündchen vor dem Kaminfeuer in den unteren
Räumen.

Das pünktliche Eintreffen der Geladenen wie die Heimkehr
vermittelten Eisenbahn und prinzliche Equipagen. Nachdem sie
sich im Erdgeschoß versammelt hatten, wurden sie oben in dem
durch werthvolle Gemälde glänzenden Vorzimmer von dem Prinzen
heiter, leutselig willkommen geheißen. Kurze Zeit verstrich darauf
bei einem russischen Imbiß in lebhaften Gesprächen, bis die
Thür zu dem reich mit Jagdtrophäen ausgestatteten Speise-

*) Uskan, wahrscheinlich Bain.

zimmer sich öffnete. Der dort herrschende Prunk erhielt eine
freundliche Beigabe durch Blumen, welche die Tafel schmückten,
außerdem in zierlichen Gläsern jeden einzelnen Gast noch besonders grüßten. Im Frühling bildeten lichtgrüne Birkenreiser,
mit den Geweihen des umfangreichen Kronleuchters verschlungen,
oberhalb des Tisches eine Art Laube. So war Alles berechnet
und geeignet, ein gewisses freudiges Behagen zu erzeugen und
damit jene Ungezwungenheit, deren Ergebniß reger Gedanken-
austausch ist. Und eine lebhafte Unterhaltung entspann sich, sobald
man Platz genommen hatte, zumal der Prinz als unvergleichlicher
Gastfreund bei Herstellung der Tischordnung stets darauf bedacht
war, Elemente zu einen, zwischen denen er Anknüpfungspunkte
voraussetzte. Doch nur kurze Zeit verstrich, bis die Gespräche
sich nach allen Richtungen über die Tafel hin ausdehnten. Und
ob betagte Excellenz, Vertreter irgend einer Kunst oder Wissenschaft
oder jüngerer Offizier: in dem Bewußtsein, daß ein freies offenes
Wort stets willkommen, gab Jeder gern sein Bestes hin und
wurde ebenso gern gehört, gleichviel, ob zu ernsten Erörterungen
oder zu witzsprudelnden Bemerkungen und Einfällen. Selbst
Zänker und gelegentlich zwei zahme Rehböcke trugen redlich das
Ihre zur Abwechslung bei.

Charakteristische Unterbrechungen traten ein, wenn der Prinz,
altehrwürdiger Sitte jagdgerechter Waidmänner huldigend, eine
Person oder ein glückliches Ereigniß vergangener Tage feiernd,
den gefüllten Elfenbeinhumpen, ein Geschenk des Herzogs von
Connaught, im Kreise wandern ließ, oder einem Gaste, der zum
ersten Mal dort anwesend, die schwierige Aufgabe zuerkannte,
zwischen zwei der vier Enden hindurch, in die eine starke Geweih-
stange auslief, den Inhalt eines eingebohrten Näpfchens zu leeren.
Nach Beendigung des Mahls wurden Cigarren herumgereicht in
Begleitung einer mit wunderlich geschnitzten Weichselholzspitzen
gefüllten Elenschaufel, Jedem Gelegenheit bietend, ein Andenken
an den froh verlebten Abend mit fortzunehmen. Erst in späteren
Jahren, nach einem abermaligen Anbau, wurde der Tag in dem
neu entstandenen Billardzimmer mit einer Partie Boule abgeschlossen.

So lange hatte die Sitte geherrscht, die Zeit bis zum Aufbruch
an der Tafel zu verbringen. Wie aber der Prinz mit seinen Er-
zählungen von Schlachtfeldern und aus dem Jagdleben die Aufmerksamkeit der Tafelrunde fesselte, ältere und jüngere Kriegs-
gefährten seinem Beispiel folgten, wie Reisende, Gelehrte und
Künstler die Unterhaltung belebten, sangeskundige Herren ihre
Stimmen zu meisterhafter Klavierbegleitung erschallen ließen, so
bot ich meine anspruchslosen Dichtungen und Schilderungen aus
dem „Fernen Westen" dar. Ihr erstes Entstehen verdankten sie
einem großen Zufall: schon seit Jahren hatte ich, und wohl nur
auf Grund der in dem damals noch jungfräulichen Theil der
nordamerikanischen Wildniß gesammelten Erfahrungen, das Glück
genossen, dem Prinzen nahe sein zu dürfen, als ich seinen Geburts-
tag durch einen poetischen Gruß: „Der Klausner von Dreilinden",
feierte. Die ganze Art der Aufnahme der ungekünstelten Worte
regte mich zu neuem Schaffen an, und so traten zunächst der
„Feldmarschallstrich", der „Elfenbeinhumpen" und die „Gründung
von Dreilinden" ins Leben. Den nachsichtig gespendeten Beifall
glaubte ich nur dadurch dankbar anerkennen zu dürfen, daß ich
auf dem einmal betretenen Wege weiter schritt. Und so folgten
Trinklieder auf ernste Schilderungen, Kellerlehren auf heitere
Weisheitssprüche, je nachdem oft nur ein hingeworfenes loses
Scherzwort die Anregung dazu gab und wie sie in einen Kreis
von Kriegern und Waidmännern hinein gehörten, bis sie allmählich zu einem Bändchen angewachsen waren, dann aber ein
grausames Geschick ihnen verfrüht einen jähen Abschluß bereitete.

Das ist die Geschichte der Dreilinden-Lieder, an die sich, wie
für mich, für jedes einzelne Mitglied der Tafelrunde glückliche,
aber auch Wehmuth erzeugende Erinnerungen knüpfen. Schlecht
und recht den Gelegenheiten angepaßt, ist Ursprünglichkeit vielleicht
ihr einziger Vorzug. In den nachfolgenden Blättern biete ich sie
unverändert; Form wie Inhalt entziehen sich daher einer streng
abwägenden Kritik. Die Möglichkeit ihrer dereinstigen Ver-
öffentlichung wurde schon früher einmal in Betracht gezogen.
Es geschah bei einer abendlichen Zusammenkunft im Jagdschloß

Glienicke. Der Prinz war damit einverstanden, jedoch unter der Bedingung, daß sie erst nach seinem Tode erfolge.

So verhallten die heiteren Weisen und Klänge in dem Jagd-hause, es verwehten die Geist und Frohsinn sprühenden Worte. Nur den Dreilinden-Liedern war eine längere Lebensdauer be-schieden. Sie werden, nachdem das letzte Mitglied jener einzig dastehenden Tafelrunde längst ins Grab gesunken, noch Zeugniß davon ablegen, wie der betrauerte Prinz und General-Feldmarschall eine eigene kleine Welt um sich schuf, in nachahmungswürdiger Weise Erfrischung des kriegsgewohnten Körpers wie des em-pfänglichen Gemüthes in vornehmer, anregender Geselligkeit suchte.

Da die Tafelrunde durch Versetzungen und Abkommandirungen im Laufe der Jahre sich immer wieder erneuerte, so konnte nicht ausbleiben, daß die Zahl der Mitglieder allmählich weit über hundert hinaus wuchs. Und noch jetzt, da der Tod bereits unter ihnen lichtete und viele nach den entferntesten Provinzen ver-schlagen wurden, treten am 27. Oktober, dem Ehrentage von Metz, alljährlich bis zu achtzig Herren als „Prinz Friedrich Karl-Ver-einigung" in Berlin im Kaiserhof zum gemeinsamen Mahle zusammen. Die Bedeutung des Festes erhöht, daß Seine Majestät der Kaiser in treuer Pietät sich jedesmal betheiligt, in ergreifender Weise des todten Feldmarschalls, des Bezwingers der Feste Metz, gedenkt und seine Worte durch ein stilles Glas bekräftigt. Was aber der unvergeßliche Prinz und Klausner durch seine von warmem Empfinden getragene Leutseligkeit unter den Mitgliedern anbahnte, durch die gleichsam rührende Art, in welcher er Gast-freundschaft übte und die kleinste ihm erwiesene Aufmerksamkeit lohnte, jenes eigenthümliche Gefühl der Zusammengehörigkeit: das wird unentwegt fortbestehen, bis die letzten beiden Ueber-lebenden dereinst an einem 27. Oktober ihm zum letzten Mal ein stilles Glas weihen.

## Verzeichniß der Mitglieder der Tafelrunde.

Unter dem Vorsitz Seiner Durchlaucht des Prinzen Friedrich Wilhelm zu Hohenlohe-Ingelfingen bildete sich im Jahre 1886 die aus den Mitgliedern der Tafelrunde des verewigten Prinzen bestehende „Vereinigung Prinz Friedrich Karl". Als Komitee walteten seitdem Generalmajor z. D. v. Beneckendorff u. v. Hindenburg, Generalmajor v. Garnier, Prof. Dr. Güßfeldt. Nach dem am 24. Oktober 1893 erfolgten Ableben des Prinzen Hohenlohe übernahm Seine Excellenz der Generaloberst Freiherr v. Loë das Präsidium.

1. **Prinz Friedrich Leopold von Preußen,** Königliche Hoheit.
2. **v. Alvensleben,** General der Kavallerie z. D. Jagsthausen i. Württemberg.
3. **v. Alvensleben,** Oberstlieutenant . . . . Berlin.
4. **Baron v. Ardenne,** Oberst und Kommandeur des 2. Großherzogl. Hessischen Dragoner-Regiments (Leib-Dragoner-Regiments) Nr. 24 Darmstadt.
5. **Graf Arnim,** Standesherr und Legationsrath a. D. . . . . . . . . . Muskau.
6. **v. Arnim,** General der Infanterie z. D. . Berlin.
7. **v. Beneckendorff u. v. Hindenburg,** Generalmajor z. D. . . . . . . . Berlin.
8. **v. Bergius,** Generalmajor z. D. . . . . Berlin.
9. **v. Bernuth,** Generalmajor z. D. . . . . Wiesbaden.
10. **v. Böhlendorf-Kölpin,** Rittmeister a. D. . Rathenow.

58. v. Leszczynski, General der Infanterie z. D.  Repten b. Petschau.
59. Freiherr v. Loë, Generaloberst und Gou-
vernenr von Berlin . . . . . . . .  Berlin.
60. v. L'Oeillot de Mars, Generalmajor z. D.  Magdeburg.
61. Graf v. Lüttichau, Oberst und Kommandeur
der 19. Kavallerie-Brigade . . . . . .  Hannover.
62. Freiherr v. Maltzahn, Oberst und Flügeladjutant Seiner Königlichen Hoheit des
Großherzogs von Mecklenburg-Schwerin .  Schwerin.
63. Mensing, Vizeadmiral z. D. . . . . . .  Wiesbaden.
64. v. Meyerinck, Hub., Generallieutenant z. D.  Potsdam.
65. v. Michaelis, Generallieutenant z. D. . .  Wiesbaden.
66. Möllhausen, Balduin, Königl. Kustos . .  Berlin.
67. v. Münnich, Generallieutenant z. D. . . .  Cöln.
68. Freiherr v. Neukirchen gen. v. Nyvenheim,
Oberst und Kommandeur der 18. Kavallerie-
Brigade . . . . . . . . . . . .  Altona.
69. v. Nischisch-Rosenegg, Generalmajor z. D.,
Hofmarschall Seiner Königlichen Hoheit des
Prinzen Friedrich Leopold von Preußen .  Berlin.
70. v. Niesewand, Generallieutenant z. D. . .  Dresden.
71. Freiherr v. Nordenflycht, Königl. Forstmeister  Wulfen (Anhalt).
72. v. Normann, Oberstlieutenant a. D. . . .  Ratkow b. Plate.
73. v. Oetinger, Generalmajor z. D. . . . .  Friedenau.
74. Pirner, Kontreadmiral a. D. . . . . . .  Stettin.
75. Baron v. Plessen, Korvettenkapitän z. D. .  Rom.
76. v. Prittwitz u. Gaffron, Rittmeister und
Eskadronchef im Ulanen-Regiment Kaiser
Alexander II. von Rußland (1. Branden-
burgisches) Nr. 3 . . . . . . . .  Beeskow.
77. v. Rauch, General der Infanterie und Chef
der Landgendarmerie . . . . . . . .  Berlin.
78. v. Rauch, Generallieutenant z. D. . . .  Schwerin i. Mecklenburg
79. Graf v. Redern, Major a. D. und Lega-
tionsrath . . . . . . . . . . . .  Görlsdorf b. Angermünde.
80. D. Rogge, Hofprediger . . . . . . .  Potsdam.
81. v. Rosenberg, General der Kavallerie und
Inspekteur der 2. Kavallerie-Inspektion .  Berlin.
82. v. Saint-Paul, Königl. Forstmeister . . .  Nassawen b. Meldkehmen, O.-P.
83. v. Saldern, Gestütsdirektor und Major a. D.  Warendorf i. Westfalen.
84. Prinz zu Salm-Horstmar, Generalmajor
und Präses der General-Ordenskommission  Berlin.

Zu den Gästen, die außerdem von dem Prinzen in Dreilinden gern gesehen wurden, zählten auch **Theodor Fontane** und **Friedrich v. Bodenstedt.**

— ⋅※⋅ —

### Verstorbene Mitglieder:

1. Heros v. Borcke, Major a. D.
2. v. Bonin, Oberstlieutenant.
3. Graf v. Brühl, Kammerherr.
4. Brugsch-Pascha, Professor und Legationsrath.
5. v. Cranach, General der Infanterie.
6. v. Donop, Oberhofmeister und Kammerherr in Weimar.
7. Freiherr v. Firds, Generalmajor z. D.
8. v. Henk, Vizeadmiral.
9. Friedrich Wilhelm Prinz zu Hohenlohe-Ingelfingen, General der Kavallerie, Generaladjutant Seiner Majestät des Kaisers und Königs.
10. Freiherr v. Meerscheidt-Hülleßem, General der Infanterie.
11. Egon Prinz von Ratibor, Major, Flügeladjutant des Herzogs von Coburg-Gotha Königlicher Hoheit.
12. Otto Graf zu Solms-Sonnenwalde, Major im Regiment der Gardes du Corps.
13. Steffen, Oberst a. D.
14. v. Thile, Generallieutenant z. D.
15. v. Warburg, Kammerherr.
16. Job v. Witzleben, Major a. D., Erbherr auf Witzleben.
17. v. Wolfgramm, fürstlich Lippischer Kabinetsminister.

2*

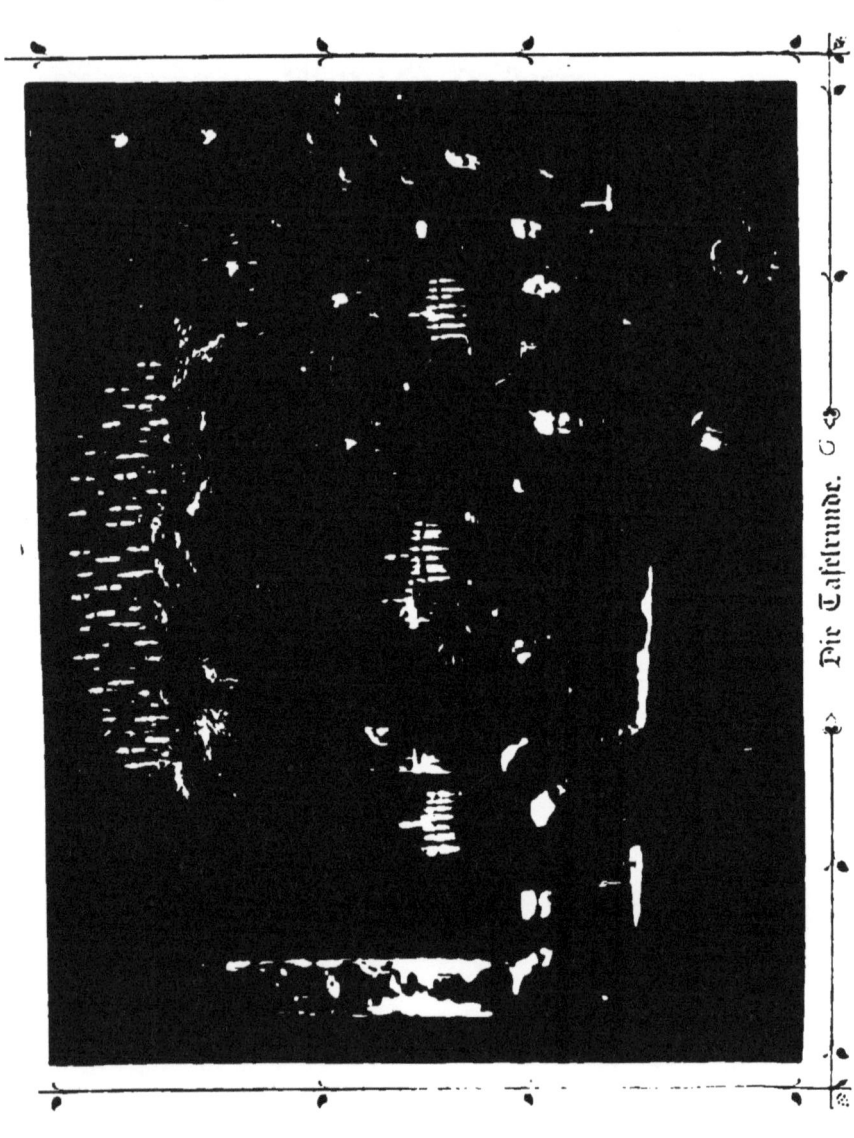

Die Tafelrunde.

Nach einem Gemälde des Herrn Generals von Garnier.

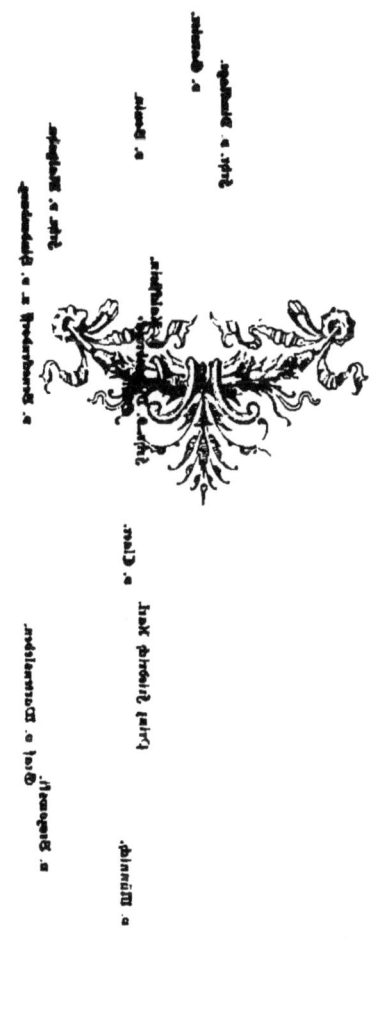

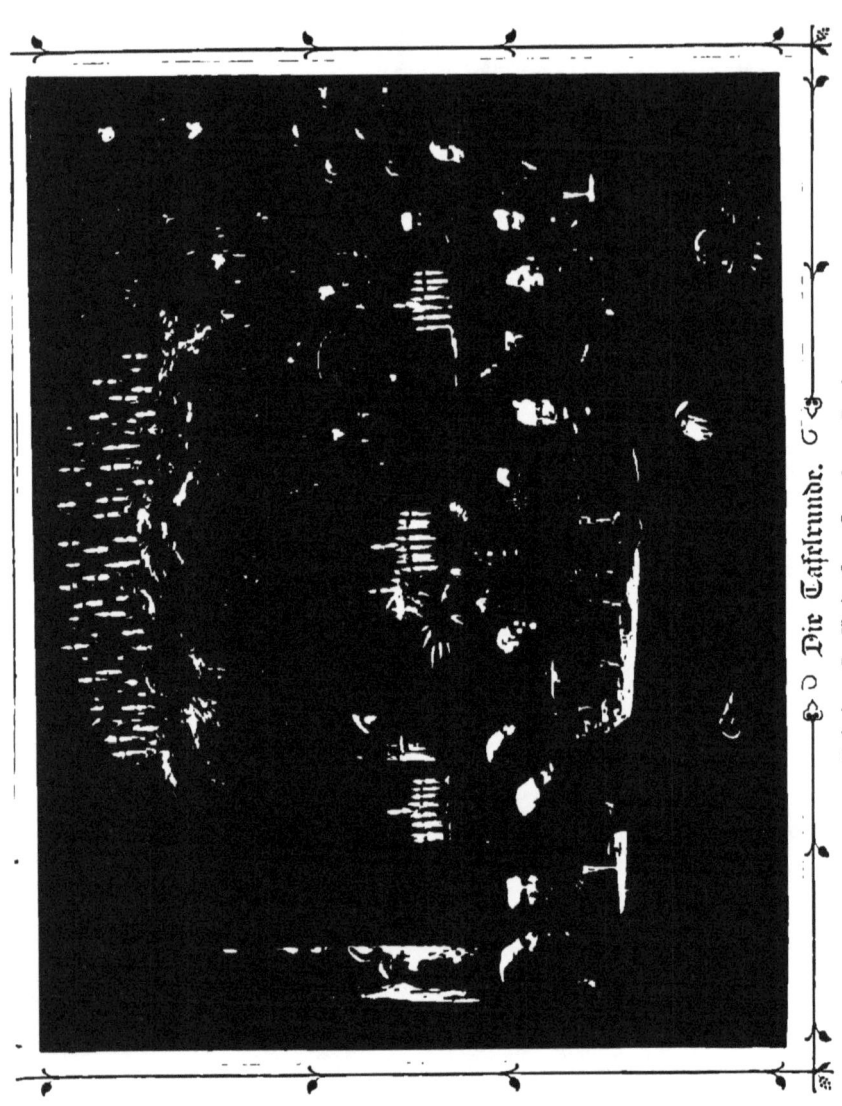

Die Tafelrunde.

Nach einem Gemälde des Herrn Generals von Garnier.

## Zueignung.

Den Mitgliedern X—

der

„Vereinigung Prinz Friedrich Karl".

Die Aehre reift; vom Herbst des heit'ren Grün beraubt,
Nicht lust'gen Faltern mehr sie dient zur Augenweide.
Hat reicher Schnee sich erst gesenkt auf Bart und Haupt,
Erhöhter Ernst sich einet mit des Lebens Freude.
Wohl find' in fremdem losem Sang ich noch Genuß,
Doch sind verklungen meine eig'nen Schelmenlieder,
Die in sich bargen manchen treuen Festesgruß;
Des Lebens Mai, er kehret nimmer, nimmer wieder.
Beleb' ich aber, was einst Uebermuth gedichtet,
Gilt's nicht als Sporn zu Lust und Funken sprüh'ndem Wort;
Vielmehr als Denkstein, der, in Pietät errichtet,
Wehmuth erzeugt, wie an geweihtem Ort.
Was Frohsinn schuf in jenen gold'nen Tagen,
Durchzittern heute tief empfund'ne Herzensklagen.

# Nordlandsklänge.*)

Alle meine besten Lieder,
Alle die Dreilinden-Lieder,
Ernsten Sang und Schelmenlieder,
Echte weise Kellerlehren,
Manchen guten frummen Trinkspruch
Hab' erlauscht ich aus dem Lispeln
Frühlingsgrüner schlanker Birken;
Hab' erlauscht ich aus dem Rascheln
Herbstlich bunt gefärbter Eichen.
Aus dem geisterhaften Singen
Zwischen harz'gen Tannennadeln,
Aus dem inhaltsvollen Flüstern
Dreier stolzer kluger Linden,
Die ein Waidmannsheim beschatten,

*) Form der finnischen Volkspoesie. Gewählt zur Erinnerung an eine zauberische Nord-
landsfahrt. Dem Prinzen bald nach der Heimkehr von dort überreicht.

Die ein Jagdhaus heiter zieren,
Die den Namen ihm verliehen,
Diesem Jagdhaus von Dreilinden.
Alle meine besten Lieder,
Alle die Dreilinden-Lieder,
Hab' geschöpft ich aus den Blicken
Eines viel berühmten Prinzen,
Hab' geschöpft ich aus dem Ernste
Eines nie besiegten Feldherrn;
Hab' geschöpft ich aus dem Frohsinn
Eines jagdgerechten Waidmanns,
Aus dem Gruße eines Gastfreunds,
Aus der Sanftmuth eines Klausners,
Jenes Klausners von Dreilinden.
Manches hab' ich auch erlernet
Aus den Runen auf dem Felsblock,
Der des Hauses Vorplatz zieret.
Manches aus dem Knall der Büchsen,
Wenn die Blätter braun sich färbten;
Aus dem Bellen scharfer Rüden,
Wenn des Jägers Ruf sie lockte,
Aus dem Stampfen muth'ger Rosse
In den Ställen, auf den Wegen
In dem Walde von Dreilinden.
Anderes ich hab' gefunden
Auf dem Zaubergrund des Bechers,
Wenn sich Bart und Lippen tauchten
In des Weines gold'ne Fluthen;
Anderes ich hab' gefunden
In des Elefanten Stoßzahn,
Der als wohlgefüllter Humpen
Wanderte von Hand zu Händen,
Wanderte von Mund zu Munde
In dem Kreise von zwölf Männern,
In der stolzen Tafelrunde

In dem Jagdhaus von Dreilinden.
Anderes ich hab' gefunden
In dem Hirschhorn mit dem Becher,
Welchen leichtlich leer zu schlürfen,
Vier der Enden neckisch wehren;
In dem reichen Glanz der Kerzen,
Die, getragen von Geweihen,
Einen Mannenkreis beleuchten,
Jene stolze Tafelrunde.
Viel auch ward mir zugetragen
Durch das Saitenspiel der Männer,
Die, der Melodieen Meister,
Schmeichelten den off'nen Ohren;
Durch die Stimmen and'rer Männer,
Die, des edlen Sanges Meister,
Durch das Lied zum Herzen sprachen.
Viel auch ward mir zugetragen
Durch die kunstgeübten Hände
And'rer, welche spielend schufen
Lebenswahre lust'ge Bilder.
Und so sind sie denn entstanden
Meine allerbesten Lieder,
Alle die Dreilinden-Lieder,
Mancher ehrenfeste Trinkspruch,
Manche schöne Weisheitslehre,
Wie's geziemet starken Männern,
Wie's geziemet muth'gen Kriegern,
Wie's geziemet weisen Häuptern,
Wie es paßt zum frohen Klingen
Voller Gläser, rheinweinduftend,
Zum Gesang, zum Spiel der Saiten,
Zu dem Jagdhaus von Dreilinden.
Doch was ich erlauscht, erfahren
Oben in der Tafelrunde,
Wo sich kreuzen lose Scherze,

Wo das Wortspiel blitzt und zündet,
Selbst im Witze Weisheit wohnet,
In der Weisheit Witze wohnen;
Was ich ferner hab' erkundet
Unten in dem kühlen Keller,
Reich geschmückt mit schönem Kernspruch,
Reich geschmückt mit vielen Flaschen,
Deren Inhalt alt und köstlich,
Deren Inhalt jung und feurig;
In dem Keller mit den Fenstern,
Mit den kleinen runden Scheiben,
Deren jede trägt das Bildniß
Eines klugen frummen Zechers,
Eines Zechers vor dem Herren;
Was ich ferner hab' erkundet
Draußen unter grünen Bäumen,
Draußen in der Winterlandschaft,
Deren Mittelpunkt das Jagdhaus,
Dieses Jagdhaus von Dreilinden:
Alles hab' ich's heim genommen,
Wie der Hamster Weizenkörner;
Sorglich hab' ich's dann geordnet,
Wie der Weber seine Fäden.
Hab's gekleidet dann in Worte,
Wie in Blätter sich die Bäume.
Hab's gebracht in lust'ge Verse,
Wie ein alter Nordlandssänger.
Wort für Wort dann aufgeschrieben,
Wie ein alter Runenkenner.
Hab's geschrieben in ein Büchlein,
Eingesperrt es in ein Büchlein,
In ein kleines blaues Büchlein,
In das Blaubuch von Dreilinden.*)

*) So benannt nach dem blauen Umschlag, in welchen jedes neue Gedicht eingefügt wurde.

Geb' das Büchlein jetzt dem Prinzen,
Geb's dem sieggewohnten Feldherrn;
Geb's dem jagdgerechten Waidmann,
Geb's dem Gastfreund, geb's dem Klausner,
Jenem Klausner von Dreilinden.
Ihm gehören alle Lieder,
Alle die Dreilinden-Lieder,
Ernster Sang und Schelmenlieder,
Echte weise Kellerlehren,
Mancher ehrenfeste Trinkspruch.
Mag er sie verschlossen halten
Viele Monde, viele Jahre;
Streng verschlossen fünf Jahrzehnte.
Mag auch blättern er zuweilen
In dem kleinen blauen Büchlein,
In dem Blaubuch von Dreilinden.
Mag d'rin blättern heut und morgen,
Mag d'rin blättern auch nach Jahren,
Blättern drinnen nach Jahrzehnten,
Noch am spätsten Lebensabend
Und gedenken jener Tage,
Da die Lieder sind entstanden.
Mag gedenken jener Tage,
Die in weiter Ferne liegen,
Hier ein Lächeln ihm entlocken,
Dorten einen Blick der Wehmuth,
Weil so Mancher hingegangen,
Wo die Rückkehr ihm verboten.
Mag d'rin blättern und bedenken:
Kurz ist nur des Lebens Frühling,
Und dem Lenz ein Thränlein weihen.
Mag d'rin blättern und bedenken:
Kurz nur ist des Lebens Sommer,
Und der Thränen zwei ihm weihen.
Mag d'rin blättern und bedenken:

Länger ist der Herbst des Lebens,
Wenn der Mann mit echter Weisheit
Nur versteht, ihn auszunutzen,
Nur versteht, ihn auszudehnen
Ueber seines Lebens Winter,
Fort bis an des Lebens Ende.
Mag auch wohl die Fesseln lösen,
Jener Klausner ernst und wahrhaft,
Von den alten lust'gen Liedern,
Daß sie fliegen, daß sie flattern
Weit hinaus in alle Welten;
Daß sie aller Welt verkünden,
Wie derselbe Mann geblieben
Vieles und in Allem Meister;
Stets ein edler Fürst geblieben
Von dem Scheitel bis zur Sohle,
Auch ein Feldherr ist geblieben
Ohne Furcht und ohne Tadel,
So ein Waidmann unermüdlich,
So ein Gastfreund und ein Klausner,
Jener Klausner von Dreilinden.
Jener Klausner, der's verstanden,
Abhold Flitterstaat und Scheinglanz,
Abhold hohlen Schmeichelreden,
Eine eig'ne Welt zu schaffen
In dem „eig'nen kleinen Hause",*)
In dem Jagdhaus von Dreilinden.
Jener Klausner, der's verstanden,
Sich als Prinz geehrt zu halten,
Als ein kluger Reiterführer
Frei sein Schwert von Rost zu halten,
Als ein jagdgerechter Waidmann

---

*) „Klein, aber mein", lautet einer der auf der Außenseite des Jagdhauses angebrachten
Sprüche. In einem anderen heißt es: „Bewahr' mich, Herr, vor Regen und Wind und solchen
Gesellen, die langweilig sind."

Ordnung in der Forst zu halten;
Als ein Freund bewährter Gäste
Prunkvoll off'nen Tisch zu halten;
Als ein Klausner, treu und wahrhaft,
Stets sich jung und frisch zu halten;
Männer auch herbei zu rufen,
Die ihn ehrten, die ihn liebten:
Jünger hehren Kriegsgewerbes,
Jünger ernster Wissenschaften;
Jünger auch der heit'ren Dichtkunst,
Jünger aller schönen Künste.
Männer, die der Töne Meister,
And're, die des Sanges pflegen,
Alle einte er bedachtsam,
Jener Klausner von Dreilinden,
An der prunkvoll off'nen Tafel.
Klug er einte und bedachtsam
Lebens Ernst und Lebens Frohsinn,
Weise Mäßigung und Jubel,
Ernste Würde, helles Lachen.
Freund der mannhaft off'nen Rede,
Gern er löste alle Zungen,
Reizte gern er die Gedanken,
Daß sie helle Funken sprühten
In der stolzen Tafelrunde
In dem Jagdhaus von Dreilinden.
Solches möge frei verkünden
Dieses kleine blaue Büchlein.
Solches mögen frei verkünden
Alle die Dreilinden-Lieder,
Wenn nach vielen langen Jahren,
Wenn nach fünf und mehr Jahrzehnten
Die gelösten Fesseln fallen
Und sie lustig fliegen, flattern,
Alle die Dreilinden-Lieder,

Daß die ganze Welt erfahre:
Jener Prinz, deß hoher Name
Wird genennet aller Orten,
Jener Feldherr, dessen Siege
Sind gepriesen aller Orten,
War zugleich ein schlichter Waidmann,
War ein Gastfreund, war ein Klausner,
War ein Klausner treu und wahrhaft,
War der Klausner von Dreilinden.

# Dem Klausner von Dreilinden

### zum 20. März 1879.

❧

Wenn bleiches Haar und weißer Bart
  Der Jahre Zahl verkünden,
Dann trag' noch immer Jugendkraft
Den Prinzen von Dreilinden!

Und neuer Lorbeer mag noch oft
Den alten Kranz durchwinden:
Ein muthig Roß, ein scharfes Schwert
Dem Feldherrn von Dreilinden!

Und wechselt fröhlich jagdbar Wild
In seiner Forsten Gründen:
Dann Waidmannsheil und Waidmannsdurst
Dem Jagdherrn von Dreilinden!

Wenn Mannen treu um seinen Tisch
Sich froh zusammenfinden:
Dann alter Wein und junger Witz
Dem Gastfreund von Dreilinden!

Um heit'ren Gruß mit ernstem Sinn
Waidmännisch zu verbinden:
Ein kurz Halali dermaleinst
Dem Klausner von Dreilinden!

Einen sinnigen, ihn freundlich charakterisirenden Zug des Prinzen glaube
ich der Vergessenheit nicht anheimfallen lassen zu dürfen: „Auf Wiedersehen
in Dreilinden", lautete der Schluß seines Antwortschreibens auf Obiges.
Acht Tage später überzeugte ich mich, daß der Geburtstagsgruß eingerahmt
in dem kleinen Schlafgemach oberhalb seines einfachen Bettes hing. „Der
Vers mit dem kurzen Halali ist doch der beste", meinte der Prinz gleichsam
prophetisch, als wir zur Gesellschaft zurückkehrten. Und wie Mancher der
Tafelrunde weiß von ähnlichen Erfahrungen zu erzählen!

# Die Gründung von Dreilinden.

Auf zottigen Auerwilddecken,
    Im Hochwald auf märkischem Sand,
Einst lagen zwei schwartige Recken,
Die zechten gar froh miteinand.

Es rastete ihnen zur Seite
Die kunstlos geschaffene Wehr,
Die steinerne Streitart, die breite,
Der lederumflochtene Speer.

Ein Urhorn nach altdeutscher Weise
Der Jüng're als Trinkgefäß schwang,

---

In einem Tischgespräch wurde das Alter der Försterei Dreilinden erörtert. Scherzhaft verlegte ich deren Gründung in die Steinzeit und fühlte mich daher verpflichtet, meine Behauptung zu erläutern.

Den Zahn eines Mammuths der Greise
Mit sehnigen Fäusten umschlang.

Es diente als Faß eines Elen
Zusammengeheftete Haut,
Es floß in die durstigen Kehlen
Der Trank, der aus Honig gebraut.

Und wenn sie des Waidwerks gedachten
Und mannhaftig stießen d'rauf an:
Geheimnißvoll dröhnten und krachten
Das Horn und der Mammuththierzahn.

Es dröhnte, vom Echo getragen,
Prophetisch hinaus in die Welt;
Es scholl wie des Hochwaldes Klagen,
Wenn jäh ihn die Eisenart fällt.

So hatten die Beiden getrunken
Vom Morgen bis neblicht die Nacht
Auf Wälder und Moore gesunken
Und wieder der Morgen erwacht.

Und als zwischen düsteren Tannen
Die Sonne sich nochmals verlor,
Da füllte der Jüng're der Mannen
Sein Trinkhorn und hob es empor.

„Dir, Odin, dem Gotte großmächtig,
Ich weih' diesen köstlichen Trank!"
So rief er und netzte bedächtig
Ein Bäumlein noch jugendlich schlank.

„Es wachs' diese Linde zum Stolze
Des Waidmanns und grün' ihm zur Ehr,

Bis endlich dem saftlosen Holze
Ein volles Jahrtausend zu schwer;

Und sinkt sie vor Alter darnieder,
So mag sie verbrennen, vergeh'n,
Doch sollen der Asche dann wieder
Drei kräftige Linden ersteh'n.

Die sollen gedeihen und grünen,
Sich wölben zum schattigen Dach,
Dem streifenden Waidmann, dem kühnen,
Ersetzen das häuslich Gemach."

Da füllte bedachtsam der Greise
Den bauchigen Mammuththierzahn,
Ihn schwingend in mächtigem Kreise,
Den Inhalt er goß auf den Plan.

„Dir, Thunar, dem fürnehmsten Asen,
Ich opf're", so rief er, „den Meth,
Daß einstmalen dort auf dem Rasen
Verjüngt die Walhalla ersteht.

Und drinnen da sollen sie trinken,
Die Mannen aufrichtig und treu,
Und Freya, die Frohe, soll winken,
Erhalten den Durst ihnen neu!"

Und nochmalen leerten die Recken
Das Horn und den Mammuththierzahn;
Dann sanken sie hin auf die Decken
Und jählings das Schnarchen begann.

Sie schnarchten, daß in den Gehägen
Gespenstisch das Echo verhallt,

Es klang, wie wenn liftige Sägen
Zerfleischen den ftöhnenden Wald.

Die Nacht hindurch fchnarchten fie felig,
Sie fchnarchten den folgenden Tag,
Und weiter, bis Morgens fie fröhlich
Ermuntert der Nachtigall Schlag.

Und als deren tönende Lieder
Süßkofend erreichten ihr Ohr,
Da dehnten fie mächtig die Glieder
Und richteten fchwer fich empor.

Sie ftrichen die triefenden Bärte,
Verftändnißvoll fah'n fie fich an,
Zum Horn griff der junge Gefährte,
Der alte zum Mammuththierzahn.

Und wie ihre Vettern im Weften
Auf beiden Geftaden des Rheins,
So tranken auch fie von dem Beften
Gern wieder und wieder noch Eins.

So haben aus faß—lichen Gründen
Zwo'n Recken von Weisheit bewegt,
Ohnfehlbar zum Jagdhaus Dreilinden
In Urzeit den Grundftein gelegt.

## Der Elfenbeinhumpen.

Entfließt Krystall der gold'ne Quell
Der Freude und der Wahrheit,
So blickt das Auge sonnenhell
Und schwelgt in Himmelsklarheit.

Und wenn aus goldenem Pokal
Sich Bart und Lippen netzen,
Dann spiel' im Geist ich ohne Wahl
Mit ungemeff'nen Schätzen.

Doch trinke ich aus Elfenbein,
Dem Zahn, dem erzumspannten,
Dann schlürf' ich mit dem gold'nen Wein
Die Kraft von Elefanten.

# Ausbau des Kellers.

Ernst lag der Wald. Wie Geisterchor
Der Wind sang in den Bäumen;
Ich trat durch ein bekanntes Thor,
Da meint' ich schier zu träumen.

Denn wo ein Grünrock sonsten stand,
Ich sollt 'nen Werkmann finden;
Fast bargen Schutt und Kalk und Sand
Das Jagdhaus von Dreilinden.

„Halloh, Gesell", ich forsche jach,
„Was soll dies Alles heißen?
Hegt man den Plan, das junge Dach
Schon wieder einzureißen?"

„Also mit Gunst, nichts wird zerstört",
Antwortet der Geselle,
„Vergrößert wird nur und vermehrt,
Wo's fehlt an Raum und Helle.

Denn kehret heim der Waidmann spat,
Gepeitscht von Sturm und Regen,
Zumalen wenn er Gäste hat,
Will er sich frei bewegen."

„Der Grund ist klar wie Frühlingsthau!"
Ich ruf, „denn wird zu enge
Dem Meister Dachs sein Röhrenbau,
Scharrt er sich Seitengänge.

Doch weiter, lieber Maurer mein,
Was wühlt Ihr in der Erden,
Als sollt des Fundaments Gestein
Mit Fleiß gelockert werden?"

„Ein Keller wird es", lautet klug
Der Antwort Sinn, der raschen,
„Ein Keller tief und breit genug
Für viele Hundert Flaschen."

Da mich durchströmt ein heilig Glüh'n,
Ich falte fromm die Hände,
Und durch der Lindenwipfel Grün
Den Blick empor ich sende.

„Herr, segne", fleh' ich, „solchen Christ,
Der, stark im Gottvertrauen,
Der kleinsten Heimstatt nicht vergißt,
Den Keller anzubauen.

Und füllt mit Wein ihn auf zum End
In Flaschen und Gebinden,
Daß man darin ersäufen könnt'
Das ganze Haus Dreilinden.

Und trinkt ihn froh und preist den Herrn
In stiller Feierstunde, ·
Und sieht ihn trinken doppelt gern
In seiner Tafelrunde.

D'rum flöß', o Herr, so oft sich Wein
In Flaschen hier ergießet,
Jedweder Deinen Segen ein,
Bevor der Kork sie schließet.

Dann mög' er ruh'n kurz oder lang,
Nach Deinem Wohlgefallen,
Bis daß bei hellem Gläserklang
Die Pfropfen wieder knallen.

So oft dann eine Flasche sieht
Man sprudeln in die Becher,
Ein Segen leis' das Haus durchzieht
Und grüßet jeden Zecher.

Und löst die Zungen, schärft den Witz
Und reift des Geistes Blüthen;
Es zucket der Gedanken Blitz,
Als ob Raketen sprühten.

So manch Jahrhundert trotzig soll
Das Jagdhaus überdauern,
Wo Sohnes Sohn verehrungsvoll
Beschützt des Ahnen Mauern.

Wo man in jenen Zeiten fern
Ein stilles Glas beim Mahle,
Stets bringt dem weiland gold'nen Kern
In eisenfester Schale."

## Kellerlehren.

Im Keller eines Waidmannssitz
  Der Trinkspruch muß zur Hand sein;
Denn edler Wein und guter Witz
Die sollen nah verwandt sein.
Wer aber Wein wie Wasser trinkt,
Deß Zunge muß verbrannt sein;
Drum, wo des Kellers Bestes winkt,
Soll klar stets der Verstand sein.
Doch trinkt der Weise Glas auf Glas,
Kann's nimmer eine Schand' sein;
Im Gegentheil, sein Durst soll baß
Von ehernem Bestand sein.
Dann wird in heit'rer Redeweis'
Er immerdar gewandt sein,
Und wo er weilt, aus seinem Kreis
Die Trübsal streng verbannt sein.
Nie mag solch' Lehre schlecht und recht
Gebaut auf lock'ren Sand sein;
Dann wird der Keller, wo ihr zecht,
Der schönste Ort im Land' sein.

# Verschollene Bilder.

Es giebt Erinnerungen, die nicht verblassen, bis das Auge bricht. Werden sie unterstützt durch ungezählte bildliche Darstellungen, entworfen in pfadlosen Wildnissen und im Verkehr mit unbändigen Eingeborenen, so behalten sie eine Frische, als wären erst Tage verstrichen, seitdem man jenen Stätten den Rücken kehrte.

(B. M. Kleine Schriften.)

Rastend, über mir sich wölbten grüne Bäume,
Müde war der Fuß, die Luft gewitterschwer;
Ich entschlief, es trugen wunderbare Träume
Zaubrisch schnell mich westlich übers große Meer;

Durch den Urwald, dicht verschlungen und erhaben,
Ueber Steppen, die gesengt der Sonne Gluth,
Nach dem Thale, wo sich Elk und Bison laben
Im Nebraska an der seichten trüben Fluth.

Wo der Otoe schaffte mit geschickten Händen
Zelte von des Büffels weißgegerbter Haut,
Und bedächtig deren straff gespannten Wänden
Bilder seiner Phantasie hat anvertraut.

Wo die braunen Squaws im Schatten plaudernd sitzen,
Fassen Mokassins mit bunten Perlen ein,
Und geduldig schlank gebaute Krieger schnitzen
Kunstvoll aus den Pfeifenkopf von rothem Stein.

Und in schwarzer Nacht das Zauberfeuer schüren,
Dessen heller Schein den Präriewolf erschreckt,
Und bei wildem Tanz, Geheul und Trommelrühren
In den Council Bluffs das dumpfe Echo weckt. —

Hier ich säumte. Ringsum herrschte reges Leben
Vor den Zelten auf dem Rasen sammetgrün;
Sichtbar zeigte dort ein Jeder das Bestreben,
Würdevoll zu einem Vollmondfest zu zieh'n.

Grelle Farben sah ich mischen hin und wieder,
Und die Krieger, wie die Sage sie gelehrt,
Reich bemalten ihre kupferbraunen Glieder,
Prahlend, wie der Sohn der Väter Brauch verehrt.

Mit dem Mark der Knochen von erlegten Thieren
Salbten eifrig sie ihr langes schwarzes Haar,
Und den Skalp, den festgeflocht'nen, durften zieren
Eulenfedern nur und die vom Königsaar.

Und den Wampum, den durch kühne That geweihten,
Sinnig legt den prächt'gen Schmuck ein Jeder an,
Glatte Bärenkrallen in demselben reihten
Wohl geordnet sich an scharfen Pantherzahn.

Blanke Messingspangen um den Arm sie legten,
Silbernesteln wurden mit dem Ohr vereint,
An den Leggins in dem leichten Wind bewegten
Schwarze Locken sich vom jüngst erschlag'nen Feind.

So geschmückt es stand die Schaar, mit ernster Miene
Saugte ein sie jedes Wort in gier'ger Lust,
Das wie Honig von dem Nest der wilden Biene,
Tropfte lieblich aus des Otoe-Häuptlings Brust:*)


„Laßt den blanken Tomahawk uns heut begraben,
Laßt uns Shumach rauchen zu dem Großen Geist;
Selbst dem Feinde bietet frei von Euren Gaben,
Wenn ihn hungert, werde gastlich er gespeist.

Um zu ehren ihn, ich habe auserkoren
Ferne, wo die Sonne aufgeht, einen Mann,
Stolz und kraftvoll, wie der Stamm der Sykomoren,
Der im Rath der Krieger sitzet obenan.

Er ist Häuptling; er versteht mit List zu führen
Auf dem Kriegspfad starke Männer ohne Zahl;
Im Besitz der Gaben, die den Krieger zieren,
Kämpft mit Feuer er, mit Eisen, Blei und Stahl.

Er ist Jäger, er durchspäht die grünen Fluren,
Er durchstreifet rastlos Moore, Wald und Feld,
Rastlos folgt des starkgeweihten Hirsches Spuren,
Bis die sich're Faust die Beute hat gefällt.

Er ist klug, doch seine Zunge ungespalten.
Was er denkt und spricht, ist große Medizin;
Was die Schläuche seines Wigwams nur enthalten,
Giebt die off'ne Hand des Gastfreunds gerne hin.

Er ist weise, ist vertraut mit vielen Dingen;
Liest und zaubert selber sprechendes Papier.

---

*) Mit Bedacht bediene ich mich der prahlerisch bilderreichen Redeweise der Indianer, wie
ich sie einst kennen lernte.

Seines Ruhmes gutes Lied noch wird erklingen,
Wenn er selbst längst weilt im sel'gen Jagdrevier.


Daß noch vieler Winter Schnee sein Haupt mag schmücken,
Leicht trotzdem das Blut in seinen Adern kreist,
Laßt das Kriegsbeil uns für heut dem Aug' entrücken,
Laßt uns Shumach rauchen zu dem Großen Geist."


So der Häuptling sprach. Beipflichtend nickte Jeder.
Eine Höhle grub er dann mit scharfem Stein,
Um die Waffe wand er weiches Antilopenleder,
Scharrend sie behutsam in die Erde ein.


Nahm die Pfeife, deren langes Rohr umgaben
Schnäbel schwarzen Spechts und Enten grüner Schopf;
Farbig Pferdehaar und Federn eines Raben
Bargen halb den rothen glattgeschliff'nen Kopf.


Zarte Shumachblätter, rother Weiden Rinde
Glimmten in der Höhle d'rauf nach altem Brauch,
Athemlos, gefesselt schliefen alle Winde,
Daß den Nüstern frei entquoll der süße Rauch.


Ernst und schweigend, auf geheimnißvolle Weise
Wanderte der Kalumet von Hand zu Hand;
Feierlich ihn nutzte Jeder in dem Kreise,
Bis zu weißem Staub die Mischung war verbrannt.


Trocknes Holz alsdann die Flammen mächtig nährte,
Heulend reihte sich zum Tanz der wilde Chor;
Sichtbar gute Zeichen Manitou gewährte,
Denn der Rauch stieg zu den Wolken steil empor.

Darob lauter tönten jene rauhen Lieder,
Und wie dürre Blätter vor dem Herbstorkan,
Wanden durcheinander sich die schlanken Glieder,
Als der Tanz fürs große Bleichgesicht begann.


Zu der Trommel Takt erschallte schrilles Gellen,
Und ums Feuer ging's in rasend schnellem Lauf;
Wollt' der tollen Schaar mich eben beigesellen,
Als des Donners Grollen jäh mich störte auf. —

Dankbarkeit gebietet, wie einst im Jagdhause, auch hier des hünenhaften
Otoe-Medizinmannes Wakita-mone und seines Jagdtrupps zu gedenken.
Sie waren es, die mir Hülfe brachten, als ich auf winterlicher Prärie einsam
in einem kleinen Lederzelt, nachbarlich von den benagten Gebeinen meines
Pferdes, Woche auf Woche den Schneestürmen, heißhungrigen Wölfen und
dem hinterlistigen Angriff tückischer Wilden trotzte.

B. M. „Tagebuch einer Reise vom Mississippi nach den Küsten der Südsee". 1855.

4*

# Der Feldmarschallstrich.

Die Schnepfe meldet Oculi
Und schüttelt ihr Gefieder,
Der Feldmarschall erhebt sich früh
Und dehnt die kräft'gen Glieder.

„Ich witt're", seufzt er, „Frühlingsluft;
Hier wird mir's fast zu enge.
Ich fühle, wie der Wald mich ruft
Fort aus dem Stadtgedränge.

Die Häusermassen, groß und klein,
Mich wollen schier erdrücken;
Drum sehn' ich mich, mit Lust im Frei'n
Das erste Grün zu pflücken.

Der alte Waldmannsspruch lautet:

Reminiscere, Gewehr in die Höh!
Oculi, dann kommen sie.
Cärlare, das ist das Wahre.
Judica, ist sie noch da.
Palmarum, Cralarum.

Und eine Woche geht dahin,
Da spricht: „Heut ist Laetare",
Der Feldmarschall, „es ist zum Zieh'n
Die jetz'ge Zeit die wahre.

Darum hinaus nach altem Brauch
Mit Jagdwehr, Hund und Rossen,
Damit ich seh', wie Baum und Strauch,
Die selbst ich pflanzte, sprossen."

D'rauf ruft am Tage Judica
In seiner Waldesklause
Der Feldmarschall: „Bin wieder da
In meinem eig'nen Hause.

Und ob es klein, doch mein es ist,
Hier leb' ich frei von Sorgen;
Das Flüstern dreier Linden grüßt
Mich pünktlich jeden Morgen."

Den Forst durchstreift der Feldmarschall
Im grauen Waidmannskleide,
Thautropfen funkeln überall,
Es duftet frisch die Heide.

„Wie athmet sich's im Walde leicht",
Er denkt, „heut ist Palmarum.
Die letzte Schnepfe nordwärts streicht,
Doch ich bleib' hier, Tralarum."

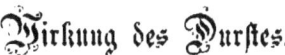

## Wirkung des Durstes.

Was frommt mir Liebe, was mir Gold,
Was kümmern mich die Reben,
Wenn's also ist mit mir bestellt,
Daß ich auf Gottes schöner Welt
Soll als Askete leben?

Enthaltsamkeit ist eitel Trug,
Ziert die, so nicht mehr können.
Der Weise trinket Zug um Zug,
Trinkt wohl zu viel, doch nie genug,
Ihm ist sein Durst zu gönnen.

Denn in dem Durste tief versteckt
Es schlummert Geistesklarheit,
Weil ohne Durst der Wein nicht schmeckt,
Und ohne Wein schwer wird geweckt
Des Witzes gold'ne Wahrheit.

Daher ich hasse das Gebell
Der trock'nen Lästerzungen
Und tauche in der Wahrheit Quell
Des Geistes Frucht, bis endlich hell
Mein letztes Lied verklungen.

# Der Pfahltisch.

Ursprünglich nur Planken, rauhkantig und breit,
  Geschnitten aus eichenen Pfählen,
Die konnten aus ferner, vergangener Zeit
Des Seltsamen Manches erzählen.

Vom Elengethier und dem zottigen Ur,
  Von kunstlos geschaffenen Wehren,
Von schwartigen Jägern, verfolgend die Spur
Des Honig erspähenden Bären.

Aus Tagen verschollen, in denen ihr Laub
  Gefiederte Sänger beschirmte,
Sich bräunte, verdorrte, ein flüchtiger Raub,
Wenn's winterlich toste und stürmte.

Von Aexten, zerschneidend, mit Urkraft gelenkt,
  Das Mark, dem die Blätter entkeimten;
Von Stämmen, die tief in den Seeschlamm gesenkt,
Jahrhunderte müßig verträumten.

Und heut dieses Holz, das die Sage umschlingt:
  Nachdem es dem Grabe entwunden,
Trotz stahlgleicher Härte in Tischform verjüngt,
Hat edle Verwendung gefunden.

Im Glanz seiner Platte nach unten gekehrt
Es spiegeln sich funkelnde Becher,
Zu deren jewedem besonders gehört
Ein frommer verständiger Zecher.

Bedachtsam am Pfahltisch ein Jagdherr regiert,
Befliss'ne strategischer Kunde,
Des Waidwerks, der Künste; nicht selten auch ziert
Die Theologie jene Kunde.

So sitzen sie denn, Alles Auge und Ohr,
Im Born tiefer Weisheit versunken;
Die Blüthe des Geistes schießt üppig empor,
Es sprühet der Witz seine Funken.

Und wenn nach dem Ursprung des Tisches man fragt,
Erweckt es gerechtes Bedauern,
Daß Noahs Erfindung geblieben versagt
Den durstigen braven Pfahlbauern.

Die Pfähle waren aus einem der Havelseen ans Tageslicht gefördert
worden. Wie eine Kette zwischen der Jetztzeit und dem grauen Alterthum
schmiedend, ließ der Prinz aus dem unvergänglichen Holz mehrere Möbel-
stücke anfertigen und in einem traulichen Gemach zur ebenen Erde im
Jagdschloß Glienicke aufstellen. Mit Vorliebe benutzte er den Tisch zu den
abendlichen geselligen Zusammenkünften.

# Zu einer Jubiläumsfeier.

Jn dem Kopfe Klarheit,
Auf der Zunge Wahrheit,
Das Herz verwegen und warm,
Dazu Manneskraft im Arm.

Wer's verstand, sich das zu bewahren
Als Jüngling wie in Mannesjahren,
Ein Vierteljahrhundert auf jeglicher Stufe
Erfüllend die Pflichten in jedem Berufe:

Der wird, wie der alleredelste Wein,
Dem die Jahre erhöhten Werth verleih'n,
An Ruhm noch lange im Wachsen bleiben,
Als Greis noch Blüthen der Weisheit treiben.

## Der
## Wald von Dreilinden.

Wenn durch die Tannenwipfel streicht
    Der Wind auf zarten Schwingen
Und Aeolsharfenklang erzeugt:
Wie lausche ich, wenn mich erreicht,
Das geisterhafte Singen.

Mir ist, als böten mir die Hand
Die alten deutschen Recken,
Die strupp'gen Hauptes, sonnverbrannt,
Einst rasteten im freien Land
Auf ihren Bärendecken.

Denn so, wie heute mich umweht
Befreundet jenes Rauschen,
So mochten sie beim süßen Meth
Manch langen Tag bis abends spät
Den Waldesstimmen lauschen.

Und aus den Zweigen traumhaft schallt
Ein Ruf zu mir hernieder:
„Wir sind zwar todt, doch in dem Wald
Wir wohnen noch, d'rum gieb alsbald
Uns eines Deiner Lieder!

Gieb einen guten Waidmannsspruch,
Wie's galt in uns'ren Tagen,
Und zeige, daß Ihr frei von Lug,
Im Kampfe wie beim vollen Krug
Nicht aus der Art geschlagen!"

Und solchen Spruch, hier weih' ich ihn
Den längst verscholl'nen Mannen,
Den todten Recken stark und kühn,
So deren Geister still durchzieh'n
Die Wipfel märk'scher Tannen:

„Ihr habt gelebet recht und schlecht
Und mußtet endlich sterben;
Ihr habt gejagt, Ihr habt gezecht,
Kein Feindeshohn blieb ungerächt,
Und wir sind Eure Erben.

Und weil aus tausendjähr'ger Ruh'
Ich kann Euch nicht erwecken,
Das Mögliche mit Lust ich thu',
Aus vollem Herzen trink' ich zu
Ein Schmollis Euch, Ihr Recken!"

# Husaren- Sprüchlein.

Mensch, ärgere Dich nicht!
　Wenn hinter Dir erbleicht die holde Zeit der Jugend
Und manchen Winters Schnee sich leise senkt auf Haupt und Bart,
Jedoch im goldnen Wein verborgen glüh'nde Tugend
Du ernster schätzen lernst nach weiser Trinker Art,
　　Dann ärgere Dich nicht.

Blick auf die Perlen, die dem Bechergrund entsteigen,
Jedwede jung; der Wein, der sie gebiert, dagegen alt;
So lasse jungen Witz von Geistesfrische zeugen,
Auch wenn das Blut schon träger durch die Adern wallt,
　　Und ärgere Dich nicht.

Taucht in den Wein der Bart und sprühen Aug' und Lippen,
Und singst Du Lieder trotz der Jahre reicher Zahl,
Dann laß den Jüngling greisenhaft bescheiden nippen;
Du aber schwinge jugendkräftig den Pokal
　　Und ärgere Dich nicht!

Den Segen, welchen liebevoll der Welten Vater
Der Rebe gab, mach' Dir zu nutze stets aufs Neu;
Und folgt dem Freudenrausch ein hinterlist'ger Kater,
So schlaf' ihn wieder aus geduldig, ohne Reu
    Und ärgere Dich nicht!

# Abfdjied vom Waidwerk.

Mein Aug' nicht scharf mehr spähen will,
Unstet die Faust und schwer,
Ich küsse wehmuthvoll und still
Mein altes Jagdgewehr.

Nur Eins nicht könnt' verloren geh'n,
Ob träger kreist das Blut:
Beim Becher meinen Mann zu steh'n
Mit frischem Jugendmuth.

Und für Entschwundenes mich trägt
Ein köstlich Zukunftsbild;
Ich nenn' es, hoffnungsfroh bewegt:
Glückselig Jagdgefild.

Ein Ort, wo ich willkommen heiß',
Manch lieben alten Freund,
Mit dem, ob Rothhaut oder weiß,
Ich wieder streif' vereint.

Manch frommes Haus, mit dem geleert
Ich Flaschen ohne Zahl,
Und das auch dort reichstreu verehrt
Das Gold von Rauenthal.

# Im Wikingerreich.

---

Geschützt vom Nordlandswalde,
   Im hochumgrenzten Thal,
Am Fuß der grünen Halde
Ein königlicher Skalde
Einst saß beim frohen Mahl.

Statt stolzer Marmorzinnen
Ihm dient' ein Ziegeldach,
Und in dem Hause drinnen,

---

Zur Erinnerung an den König Oskar, der, mit seinem Sohne auf einer Reise durch Norwegen begriffen, den Prinzen in Fagerlund, einem Oertchen unweit des Strandefjord-Sees, erwartete.

Wo Platz kaum zu gewinnen,
Ein ländliches Gemach.

Trotzdem sich heimisch fühlten,
Wie je nur im Palast,
Die dort beim Rheinwein hielten,
Dem gletschereisgekühlten,
Gemeinsam Mittagsrast.

Dem König saß zur Rechten
Man jenen deutschen Held,
Der Zollern einen echten,
Gewohnt, siegreich zu fechten
Auf manchem Schlachtenfeld.

Den Sohn ihm links zur Seiten,
Schlank und dem Vater gleich,
Erkoren, zu begleiten
Ihn auf der Fahrt, der weiten,
Durch sein Wikingerreich.

Und wer noch sonst zugegen,
Der war des Königs Gast,
Der mochte frei bewegen
Sich im Verkehr, dem regen,
Bar jeder Sorg' und Last.

So war's ein fröhlich Tauschen,
Manch kräftig „Skål!"*) erklang,
Ein Bieten und ein Lauschen
Beim Tannenwipfelrauschen,
Dem nordischen Gesang.

---

*) „Skål!" norwegisch so viel wie „Dein Wohl!"

Wer da zu Tisch gesessen,
Gehört: „Die Welt ist rund!
Auf Wiederseh'n!",*) bei dessen
Lebzeit bleibt unvergessen
Der Tag in Fagerlund.

---

*) Der Spruch, mit welchem der König die Begleiter des Prinzen scheidend begrüßte.

Ein hoher Grad von Herzensgüte offenbarte sich in der Bereitwilligkeit, mit welcher der Prinz, wo immer die Gelegenheit sich bot, mir Zeit gönnte, meine Skizzensammlung zu bereichern. So auch auf der Fahrt an dem wild tosenden und schäumenden Lärdalselv hinunter, als wir vor der angeblich achthundert Jahre alten Stabkirche von Borgund eintrafen.

## Westliche Bilder.

Nehmt dem nordamerikanischen Kontinent die schwarzen Heersäulen wandernder Bisons und die charakteristischen Gestalten selbstbewußter Indianer, so verliert er die letzte Poesie, die weder durch rauchende Fabrikschornsteine, noch durch Bethäuser oder das Keuchen des eisernen Dampfrosses ersetzt werden kann.

(B. M. Tagebuch einer Reise. 1855.)

Weit gen Westen, wo der Otoe's Zelte glänzen
Am Missouri nah der graf'gen Steppe Saum,
Hin, wo Krieger huld'gen ihrem Gott in Tänzen,
Führte abermals mich zaubrisch schnell ein Traum:

In der Ferne hört' ich geisterhaft verklingen
Wildes Heulen nach so manchem langen Jahr,
Braune Männer hört' ich rauhe Weisen singen,
Deren Sinn das Lob auf starke Herzen war.

Leis' und leiser hallte es im Thale wieder,
Als ich zu der hohen Eb'ne aufwärts stieg,
Bis zusammen mit dem letzten jener Lieder
In den Council Bluffs das ferne Echo schwieg.

Wie so oft aufs Meer, so sah ich voll Entzücken
Auf die Prärie, wogenförmig, endlos grün,
Die in duft'ger Ferne sich vor meinen Blicken
Mit dem Horizonte zu verbinden schien.

Gleichsam bräutlich lachte mir ringsum entgegen
Sonnenüberglänzt, jungfräulich die Natur;
Ueppig keimten, wie unendlich reicher Segen,
Zahllos Knospen auf der sammetweichen Flur.

Und die Blumen schillernd lauter Farben zeigten,
Die, vom Thau benetzt, erglühten doppelt schön;
Samenschwere Halme feierlich sich neigten,
Leicht geschwungen von des Westes sanftem Weh'n.

Farrenkräuter und Kakteen bunt sich paarten
Wie in Gruppen, die mit Sorgfalt angelegt;
Vor mir lag die Prärie ähnlich einem Garten,
Der von treuer Hand gewissenhaft gepflegt.

Holder Friede schien auf diesem Reich zu schweben,
Doch nicht einsam war es, öde oder leer,
Denn ich sah ein tausendfältig Wirken, Weben
In den Lüften, auf der Eb'ne um mich her:

Ernste Büffel folgten ihren alten Pfaden,
Antilopen trieben ungestört ihr Spiel,
Lechzend schritt zum Quell der Bär, um sich zu baden,
Wolf und Schakal spürten träge ohne Ziel.

Schön gefleckte Panther ihre Glieder dehnten
Auf dem Rasen, athmend ein den süßen Duft,
Und der Präriehündchen feine Stimmen tönten
Neckisch grollend durch die klare warme Luft.

Fast in Wolkenhöhe kreisten Adler, Weihen,
Wachteln strichen sich im Gras die Federn glatt,

Schwan und Kranich segelten in langen Reihen,
Zirpend thront der Kolibri auf einem Blatt.

Pracht'ge Falter müßig an den Blumen hingen,
Auf des Käfers Schild sich brach der Sonne Strahl,
Summend zitterten der Biene zarte Schwingen,
Als im Blüthenkelch sie hielt ihr süßes Mahl.

Vom Gesang der Vögel schien die Luft zu beben,
Und das Wild der Steppe stimmte kräftig ein;
In dem Moose regte sich vernehmbar Leben,
Selbst auf dürftig überwuchertem Gestein.

Aus des Quellbachs Sprudeln klang es traumhaft leise,
Heimlich rauschte es im Grase, Schilf und Rohr,
Als, verständlich dem Gemüth, in ernster Weise
Alle Stimmen sich vereinigten zum Chor:

Gern versenket der, deß Dichten ist und Streben
In der Menschheit stetem Hader geist'ge Ruh',
Sich begeistert in der Pflanzen stilles Leben,
Liebevoll sich kehrt der Thierwelt Räthsel zu.

Oder fröhnend dem aus tausendjähr'ger Ferne
Angestammten Trieb, der seine Brust durchglüht,
Blickt er ahnungsvoll hinauf zum Reich der Sterne,
Deren jeder treu der ew'gen Straße zieht.

Halb erwacht ich konnte den Gesang noch hören,
Scheidend manches Nebelbild noch vor mich trat:
Fern im Westen schimmerten die Kordilleren
Und terrassenförmig die Aztekenstadt. —

# Erwachen des Frühlings.

Zum 20. März 1882.

Der Märzwind pocht, zu neuem Lauf
Der Saft steigt in den Bäumen,
Sie recken sich und wachen auf
Nach tiefen schweren Träumen.

Und wo im Wald sie wohlgepflegt
Ein Waidmannsheim umgeben,
Da in den kahlen Zweigen regt
Sich hörbar junges Leben:

„Wie war der Winter kalt und lang",
So flüstert eine Linde;
„Kein Licht im Haus, kein Gläserklang,
Fern Jagdherr und Gesinde.

Ich wünsch', er wäre wieder hier,
Es grünte aller Enden,
Dann wollt' von meines Wipfels Zier
Ein Zweiglein ich ihm spenden

Und rufen: Grün ist Jägers Freud',
Die Farbe frischer Säfte,
Drum grünen auch so lange Zeit
Des guten Waidmanns Kräfte."

Wie Lachen und wie Räuspern bricht
Es d'rob aus allen Zweigen,
Und eine Esche tadelnd spricht,
Dieweil ringsum herrscht Schweigen:

„Ein Zweiglein nur dem edlen Herrn,
Wenn man ihm gönnt das Beste?
Ich opf're ihm von Herzen gern
Den zäh'sten meiner Aeste.

Und daraus soll mit Müh' und Fleiß
Man einen Stab ihm schnitzen,
Auf den als hochbetagter Greis
Der Waidmann sich mag stützen."

Wie Räuspern und wie Lachen bricht
Es d'rob aus allen Zweigen,
Und eine Eiche dröhnend spricht,
Dieweil ringsum herrscht Schweigen:

„Nur einen Stab dem ed'len Herrn,
Wenn man ihm gönnt vom Besten?
Ich opf're ihm von Herzen gern
Den Stamm sammt allen Aesten.

Und daraus soll ein Riesenfaß
Man bauen ihm und gründen,
Und nennen es mit Ehren baß,
Den Goldquell von Dreilinden.

Dann gold'nen Wein zu Lob und Preis
Soll in das Faß man füllen,
Aus dem als hochbetagter Greis
Er noch den Durst mag stillen."

Da aus den Wipfeln bricht's hervor
Wie muntre Jägerweisen:
„Ein Waidmannsheil!" erschallt's im Chor,
„Dem Mann von Stahl und Eisen!

Er grüne wie im Frühlingskleid
Der Linden stolze Kronen;
Es mög' der Esche Zähigkeit
In seinen Gliedern wohnen!

Des Lebens heit'rer Sonnenschein
Ihm nimmermehr erblasse,
Es glüh' sein Geist wie alter Wein
In einem eich'nen Fasse!"

## Trinklied.

Laßt mich singen, laßt mich lachen,
Wenn des Weines Duft und Gluth
Frische Lebenslust entfachen,
Strömen Feuer in das Blut!

Laßt mich lachen, laßt mich singen,
Wenn mich lockt ein süßer Mund,
Weiche Arme mich umschlingen,
Wie das Meer das Erdenrund!

Weisheit nenn' ich Trinken, Küssen,
Und die ganze Welt mein Haus,
Thoren nenn' ich, die nicht wissen,
Wie man nutzt das Leben aus.

Die den Segen stumpf verschmähen,
Der entquillt der Götter Hand,
Kränkelnd bleichen und vergehen,
Wie der Halm auf dürrem Sand!

# Der Knappe.

22. April 1880.

Der weiland deutschen Knappen Bild
Trug Raupen in dem Schädel
Und auf dem Rücken Speer und Schild
Des Ritters kühn und edel.

Und sah er tapfer seinen Herrn
Genießen Kampfesfreuden,
Er gönnte ihm den Vorzug gern
Und blieb zurück bescheiden.

Ein and'rer Knappe ist es, wie
Er lebt in unsern Tagen,
Hat Raupen zwar, doch thät er sie
Auf seinen Schultern tragen.

Und in dem Kopfe gute Wehr
Zum Rathen und zum Streiten,
Vorauf dem Herrn, nicht hinterher,
Wie Knappen alter Zeiten.

Und fest zu Rosse alleweil,
Ob Schimmel, Fuchs, ob Rappe,
Daher ein schallend Waidmannsheil
Dem General von Knappe!

Der Prinz liebte sinnige Ueberraschungen, und so geschah es auf seine
Veranlassung, daß ich den Herrn General von Knappe heiter waidmännisch
begrüßte.

# Bekenntniß eines Wüstenjägers.

Der Wüsten einziger Schmuck ist die Sternen-
nacht. Wohlthätig verschleiert sie, was das Auge
peinlich berührt, und gestattet der Phantasie, mit
Bildern reicherer Zonen sich zu umgeben.

(B. M. Forschungsreisen. 1861.)

Und fehlt der rothe Kragen mir,
  Am Stiefel mir der Sporn,
So hindert's nicht, daß trotzig schier
Die Stirn ich trage vorn,

Daß mit dem Eisen ich vertraut,
Das Roß mir unterthan,
Ich frei ins Auge hab' geschaut
Dem bleichen Sensenmann.

6*

Und daß mein Wort, wenn ich es geb',
Ist fest wie echter Stahl,
Drum froh bewegt empor ich heb'
Den funkelnden Pokal.

Und trinkend blick' ich himmelwärts
Und ruf' in wilder Lust:
„Es lebe hoch ein treues Herz
In jedes Mannes Brust!"

# Wechsel der Jahreszeiten.

1879.

Wenn im Herbst die Blätter fallen
Und es nächtlich reift und friert,
Denk' ich hoffnungsvoll des Frühlings,
Der mich nach Dreilinden führt.

Und im Frühling hoff' ich wieder
Auf des Herbstes schöne Zeit,
Wenn das falb umlaubte Jagdhaus
Sich zum Heim der Frohsinn weiht.

Doch ob Frühling, ob es herbstlich
Nebelfeucht den Wald durchzieht:
In den Wipfeln hör' ich's rauschen,
Wie mein eigen lustig Lied.

Was die Bäume draußen flüstern,
Hier ich ruf's begeistert aus:
„Waidmannsheil dem treuen Klausner
Hier im eig'nen kleinen Haus!"

# Trinklied.

Herbst 1881.

Wohl dem, der beim Rückblick auf die durch-
laufene Bahn, und sei sie noch so rauh und
hindernißreich, seinen Weg mit duftenden Blumen
bestreut zu sehen meint, deren jede einzelne eine
wonnig verlebte Stunde bedeutet.

(B. M. Palmblätter und Schneeflocken.)

Ich trinke gern, doch einsam nicht in stiller Stunde,
Wenn Bilder ferner Zeit erwachen altersbleich,
Gespenstisch mich umwebt, wie vorwurfsvolle Kunde,
Manch ungesprochen Wort, manch Blüthe farbenreich,
Die schüchtern ich verschmäht auf meinen rauhen Wegen,
Obwohl ihr Kelch verheißend lachte mir entgegen.

Ich trinke gern im Kreise schöner kluger Frauen,
Die, frei von Prüderie, verschließen nicht ihr Ohr,
Nicht jungfräulich entrüstet vor sich niederschauen,
Wenn lose Scherze treibt des Weines Gluth hervor;
Wo aber Lust und Schalkheit auf den Lippen thronen
Und aus den Augen spötteln neckische Dämonen.

Ich trinke gern im auserles'nen Männerkreise,
Wo kraftvoll schwingt die Faust den funkelnden Pokal,
Wo feurig kreuzen sich nach edler Zecher Weise,
Wie Wetterleuchten hell, Wortspiele ohne Wahl;
Und wo beim Klang der Gläser wird ein Witz geboren,
Zu kernig und zu scharf für nüchtern blasse Thoren.

Ich trinke gern, wo ernste Weisheit wird getragen
Von kindlich heit'rem Sinn und trotz'gem Mannesmuth,
Wo, wenn es heißt: „Frisch auf zum frohen Kriegesjagen",
Zu kostbar nicht der letzte Tropfen heißes Blut.
Dort trink' ich Göttern gleich! Dort kenn' ich keine Sünden,
D'rum trink' ich dreifach gern im Waidmannsheim Dreilinden!

# Empfehlungskarte.

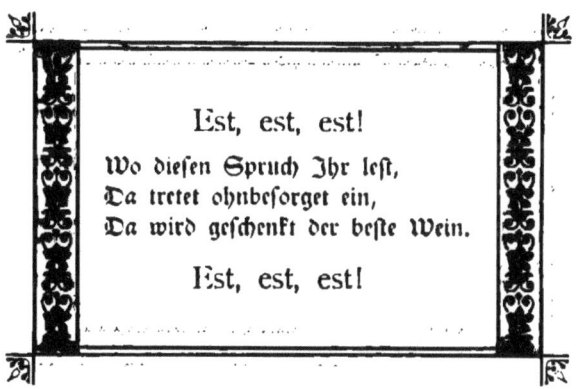

Est, est, est!
Wo diesen Spruch Ihr lest,
Da tretet ohnbesorget ein,
Da wird geschenkt der beste Wein.

Est, est, est!

Harmlose Scherze waren stets willkommen, sofern sie zur Erheiterung beitrugen. So auch, als eines Abends auf der Innenseite der Thür des wohnlich eingerichteten Kellers das dreifache Est zu lesen war, durch welches der ihm voraus reisende Diener dem Bischof Fugger mittelst Kreide die Einkehr in Monte Fiascone dringend anempfahl.

## Der älteste Trinkspruch.

Entstanden nach der Heimkehr des Prinzen aus Aegypten.

❧

Im Land der Pharaonen
Schläft mancher alte Schatz;
Dagegen wär' zum Wohnen
In jenen heißen Zonen
Wohl kaum der rechte Platz.

Da stieren Pyramiden
Und Sphinxe himmelwärts;
Sie mögen ruh'n hienieden
In schattenlosem Frieden,
Ein Stein bleibt nur ihr Herz.

Auch Skarabäen\*) edel
Birgt dies und jenes Grab
Nebst and'rem heil'gen Trödel,
Und zwar weil's schon im Schädel
Der Alten Käfer gab.

\*) Abbildungen des heiligen Käfers der alten Aegypter.

Wohl giebt der Nilschlamm Leben
Dem Weizen und dem Mais;
Jedoch vom Bau der Reben,
Von weindurchglühtem Streben
Man dort nur wenig weiß.

Mit etwas nur kann prahlen
Das Pharaonenland:
Mit heißen Sonnenstrahlen,
Mit Kies, der fein gemahlen
Zu flücht'gem Wüstensand.

Die sind des Durstes Quelle,
Dem Wein sie schaffen Bahn,
Sie fördern das Gefälle,
Erhöh'n des Geistes Helle
In jedem guten Mann.

Daher, wer möchte reisen,
Soll wählen sich ein Ziel,
Durstspendend allen Weisen,
Das tausend Zungen preisen,
Den schlammgefüllten Nil.

Dann nüchtern heimwärts lehre
Und lechzend er den Schritt
Und nehm' zur eig'nen Lehre,
Dem ält'sten Reich zur Ehre
Den ält'sten Trinkspruch mit:

„Seid fröhlich, wenn Ihr trinket!
Wohl dem, der nie vergißt,
Daß, wenn dahin er sinket,
Der Sonnengott ihm winket,
Er nur noch Mumie ist."

## Askau.

Gewitterwolken abwärts zieh'n,
    Einschläfernd rauscht das Meer,
Es zittern durch der Buchen Grün,
Mondlichter um mich her.

Den Wald es märchenhaft durchweht,
Als wäre er gefeit,
Da vor dem geist'gen Blick ersteht
Ein Bild aus Odins Zeit.

Frau Hertha, männlich stark und klug,
Doch mütterlich zugleich,
Schmückt liebevoll durch Zauberspruch
Ihr Kind, ihr Inselreich.

Und wo sie geht mit leichtem Fuß,
Da sprießen Farr'n hervor,
Wohin sie sendet ihren Gruß,
Es wächst ein Wald empor.

Doch wo sie träumt, da sich belebt
Der starre Meeresstrand:
Als Königsstuhl gen Himmel strebt
Der weißen Klippe Rand.

Und wo im Morgensonnenschein
Der Hain Uskan erglüht,
Dort rastend sie auf grünem Rain
Prophetisch singt ein Lied:

„Ein Fürstensohn, berechtigt stolz,
Soll hier ein Heim sich bau'n,
Dazu verwenden Fichtenholz
Aus Nordlands wilden Gau'n.

Ein Fels, durch vieler Männer Kraft
Dem Hünengrab entführt,
Der sei sein Tisch, der reckenhaft
Des Hauses Vorplatz ziert.

Hier Waldesduft er athmen soll,
Zugleich des Meeres Hauch,
Sein Trinkhorn sei des Besten voll,
Wie's tapf'ren Kriegers Brauch.

Und grüßen unter seinem Dach
Ihn Männer stark und frei,
Jedweder ihm entgegen trag'
Ein Herz voll wahrer Treu."

Gewitterwolken abwärts zieh'n,
Einschläfernd rauscht das Meer,
Es zittern durch der Buchen Grün
Mondlichter um mich her.

Und was Frau Hertha auf Uskan
Gesungen und erdacht:
Ein Fürst, der manche Schlacht gewann,
Zur Wahrheit hat's gemacht.

## Telegramm.

16. August 1881.

Zum heißen Tag von Vionville,
Der heute leider naß und kühl,
Dem Prinzen, der die Schlacht gewann,
Ein Stül der Gäste auf Uskan.

## Eingetragene Sprüche.

Tadellos schmückt die Natur die lieblich erblühende Rose.*)
Blüthen des Geistes nur sind der Sterblichen mangelhaft Werk.

※

Glückliches Alter, in welchem Schärfe des Geistes und Frohsinn
sich einen,
And'ren zur Lehr' und zur Lust, ihm selber zur köstlichen Zier.

※

Drück' eine Schellenkappe auf des Weisen Haupt:
Des klaren Denkens wird dadurch er nicht beraubt.

※

---

*) Wen erfreute nicht heute noch in der Erinnerung, wenn der Prinz bei den abendlichen zwanglosen Zusammenkünften im Jagdschloß Glienicke in dem kleinen Gemach zur ebenen Erde erschien und jedem seiner Gäste, deren Zahl selten über fünf, mit freundlichem Gruß eine Rose überreichte.

Flichtst Lorbeerreiser Du um eines Narren Stirn,
Hat's keinen Einfluß auf sein mangelhaft Gehirn.

Wie in häßlicher Muschel versteckt es schlummert die köstliche Perle,
Aeußerer Glanz verheimlicht nicht selten ein häßlich Gemüth.

# Der stille Waidmann.

Wie aus Träumen zart gewebte Schleier
Hängt es in der milden Frühlingsluft.
Weihrauchähnlich, wie zur Hochamtsfeier,
Athmen ernste Tannen harz'gen Duft.

Nachbarlich des Försters Hof und Wohnung,
In den Wipfeln süßer Drosselschlag,
Auf der Waldesblöße eine junge Schonung,
Ueber Allem neiget purpurn sich der Tag.

Und die Kinder, jene freundlich stillen
In dem schlichten grünen Nadelkleid,
Schau'n erstaunt, weil um der Pflege willen
Auf den Furchen sie so eng gereiht.

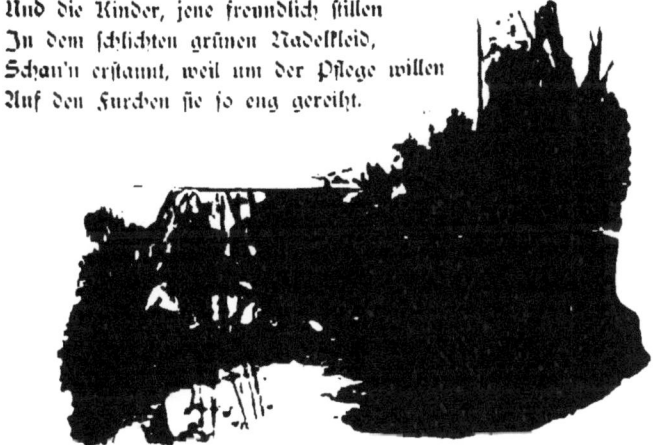

Scheinen heimlich vorwurfsvoll zu fragen,
Weshalb sie den Eltern endlos fern,
Grausam in ein fremdes Reich verschlagen,
Sie als Samen schon ein böser Stern.

Denn die Eltern weitab mächtig ragen
Thürmen gleich, als ältestes Geschlecht
Tausende der Jahre grünend tragen,
Jedem Einfluß trotzend ungeschwächt.

Ihren Wurzeln ed'le Nahrung spendet
Feuchtes Erdreich, das von Goldstaub schwer,
Wie den Wipfeln unablässig sendet
Frischen Lebenshauch das „Stille Meer".

Und die Kinder jener stolzen Riesen
Nunmehr sind verwaist. Der seiner Zeit
Rastlos ihnen so viel Herz bewiesen,
Sanft entgegenschläft der Ewigkeit.

Doch was nimmer konnt' sich zu ihm betten:
Liebe zur Natur, in Grabesnacht,
Sie lebt fort auf jenen trauten Stätten,
Die einst froh sein Auge überwacht.

Wie des Himmels blaue Kuppel tragend,
Abendlich der ganze Westen glüht.
Eine Fledermaus, sich hurtig überschlagend,
Unberechenbare Kreise zieht.

Einsam sonst, verödet liegt die Haide;
Nur der Schonung nah, im Waldessaum,
Wandelt still ein Mann im grauen Kleide,
Schattenhaft verdeckt durch Strauch und Baum.

Um ihn her zwei Rehe sich bewegen,
Halten fröhlich mit ihm gleichen Schritt,
Nehmen zutraulich von ihm entgegen
Zweiglein, die er im Vorbeigeh'n schnitt.

Wenn er säumt, sie ungeduldig reiben
Ihre Köpfe an ihm lieblich kühn,
Als gedächten sie, ihn anzutreiben,
Ihn zu mahnen an der Zeit Entflieh'n.

Sinnend ruhen seine ernsten Blicke
Auf dem jugendlichen Tannenschlag:
Welchen Wechsel bergen die Geschicke!
Ihm sind tausend Jahre jetzt ein Tag.

Plötzlich beide Rehe furchtsam schrecken,
Aeugend scharf, sie stehen sprungbereit;
Aus der Sicherheit sie scheint zu wecken
Eine Ahnung, daß Gefahr nicht weit.

Auf der Försterei man pfeift den Hunden,
Länger hält's die Thiere jetzt nicht mehr.
Auch der stille Waidmann ist verschwunden,
Einsamkeit herrscht wieder ringsumher.

Nur der Drossel letzte süße Weise
Melancholisch grüßt die Maiennacht,
Während unermüdlich Fledermäuse
Tummelnd fröhnen der Insektenjagd.

27. Oktober 1870 ❖ Weh ❖ 27. Oktober 1895.

# Der Appell.

❖

Der Nordwind strich singend durchs Tannengezweig,
  Im Laubholz wob herbstliches Rauschen;
Von Wipfel zu Wipfel, dem Waldodem gleich,
Lief geisterhaft heimliches Tauschen.

Sonst Alles blieb still, denn die Schatten der Nacht
Verschlangen die Formen und Farben.
Die Rufe des Uhus, sich rüstend zur Jagd,
Weit abwärts gespenstisch erstarben.

Ein Irrwisch erwachte auf tückischem Moor,
Bleich flackernd, er schien sich zu winden,
Ein röthliches Licht zwischen Mauern hervor
Matt streifte drei kräftige Linden.

Dort wohnte der Förſter, der Jahre auf Jahr
Ein fürſtliches Jagdheim verwaltet;
Der Jagdherr, der treue, geſtorben ihm war,
Sein Ruhſitz verödet, veraltet.

Die Lampe erloſch. Von der Kette befreit,
Die Wache anheimfiel dem Hunde;
Er diente ſchon damals in fröhlicher Zeit,
Als oben noch tagte die Runde.

Am Runenſtein ſaß er und lauſchte hinaus,
Anſchlagend, als ob er es träume.
Die Ruhe des Grabes umwebte das Haus,
Nichts hörbar als Aechzen der Bäume.

Doch plötzlich verſtummte des Nordwindes Sang,
Es ſchwiegen die flüſternden Blätter.
Zur Hütte der Hund ſchlich; er winſelte bang,
Als ahnte er ſtürmiſches Wetter.

Es ſchlug eine Uhr. Wie geſcheucht es durchlief
Die finſteren kalten Gemächer;
Unthätig ſie Stunden und Jahre verſchlief,
Seitdem dort verklangen die Becher.

Zum zwölften Mal ſetzte der Glockenſchlag ein,
Nachtönend und zitternd getragen,
Da flammten die Fenſter in blendendem Schein,
Wie einſt in den glücklichſten Tagen.

Das Prunkgemach ſtrahlte. In ruhigem Licht
Erglänzte der Schmuck auf den Wänden,
Embleme des Waidwerks, hier koſtbar, dort ſchlicht,
Geordnet von kundigen Händen.

Die Tafel, um welche sonst saßen gereiht
Zwölf Herren der fürstlichen Runde,
Auf dreißig und mehr sie berechnet war heut
Zur Feier der Mitternachtstunde.

Es funkelte Silber, es blitzte Krystall,
Die Sinne sie märchenhaft reizten;
Ergänzend das Bild der verjüngten Walhall',
Stolz Trinkhorn und Humpen sich spreizten.

Und pünktlich im Dienst, ob zur Wehr, ob zur Lust,
Die Gäste zur Stelle sich fanden;
Das Eiserne Kreuz auf durchschossener Brust,
Den Prunktisch sie schweigend umstanden.

So harrten die Helden; das Angesicht bleich
Geheiligter Friede verklärte:
Sie waren gefallen für Kaiser und Reich,
Die Treu' bis zum Tod sich bewährte.

Im Innern des Hauses es wurde jetzt laut,
Wie Schritte erklang es, wie schnelle;
Die Flügelthür wich und Jedwedem vertraut,
Der Feldmarschall stand auf der Schwelle.

„Willkommen", so sprach er, und sichtbar erfreut,
Sein Antlitz beherrschte nur Milde,
„Seid doppelt willkommen, gedenken wir heut
Doch blutig umstritt'ner Gefilde.

Ein Vierteljahrhundert mit heute entschwand,
Seitdem die Stadt Metz wir bezwangen,
In wüthendem Kampfe das urdeutsche Land
Dem Reiche zurück wir errangen.

Und was wir erobert in Strömen von Blut:
Kein Feind wagt, es streitig zu machen,
Es bleibet geborgen in sicherer Hut,
Solange es Deutsche bewachen.

Solange ihr Kaiser, nicht kennend Gefahr,
Zum Frieden bereit wie zur Wehre,
Ausbreitet beschirmend, ein trotziger Aar,
Die Schwingen vom Fels bis zum Meere."

Da neigten beifällig zum mannhaften Wort
Die Häupter sich, junge wie greise;
Gespräche belebten des Waidmannes Hort,
Wie einstmals in zwangloser Weise.

Und während begeistert in regem Verkehr
Vergangener Zeit man gedachte,
Der Prinz, dessen Blicke still schweiften umher,
Den Zeiger der Uhr überwachte.

„Nach Sinken des Abends", begann er, „durchbrach
Den traumlosen Schlaf eine Kunde,
Berichtend vom Kaiser, der leutselig sprach
Zur um ihn versammelten Runde.*)

Mit rühmenden Worten er liebevoll pries
Den todten Feldmarschall, den treuen,
So nannte er ihn, als er feierlich hieß,
Ein Glas ihm, ein stilles zu weihen.

D'rum Ehre um Ehr'! Wie der Todten gedacht
Der Kaiser und die ihm ergeben,
So grüßen die Todten aus endloser Nacht,
Still, machtvoll pulsirendes Leben."

_____  __

*) Im Kaiserhof zu Berlin.

Die Gläser sich hoben und sanken zurück;
Da gab es kein Säumen, kein Wählen;
Und weiter der Feldherr, Verklärung im Blick,
Er schien seine Gäste zu zählen:

„Nach fünfmal fünf Jahren, die wunderbar schnell
In seliger Ruhe entschwinden,
Entbiet' ich die Herren zum nächsten Appell
Vollzählig im Jagdhaus Dreilinden."

Ein Glockenschlag meldete träge und schwer
Das Ende der Mitternachtsträume.
Die Lichter erloschen. Verödet und leer
Es lagen die finsteren Räume. — — —

Der Nordwind sang wieder durchs Tannengezweig,
Im Laubholz wob herbstliches Rauschen.
Von Wipfel zu Wipfel, dem Waldodem gleich,
Lief geisterhaft heimliches Tauschen.

## Die drei Freunde.

Einträchtig sie hielten zusammen,
Bekämpften nach westlichem Brauch
Der Prärie wild lodernde Flammen,
Des Schneesturms erstickenden Hauch.

Niemals an die Zeit sie sich banden,
Der Zufall bestimmte ihr Ziel;
Ob Stunden, ob Monate schwanden,
Sie weilten, wo's ihnen gefiel.

Erschöpft nach des Tages Beschwerde
Gemeinsam sie pflegten der Ruh',
Zum Lager sie wählten die Erde,
Das Sternenzelt deckte sie zu.

Drei Freunde auf Tod und auf Leben:
Mein Roß, meine Büchse und ich,
Einander in Treue ergeben,
Die niemalen wankte, noch wich.

Wie ist's so viel anders doch heute:
Gesprengt der Gefährten Verein;
Das Roß fiel den Wölfen zur Beute,
Zu Staub ward sein bleichend Gebein.

Die Büchse, die tausendfach weckte
Das Echo im urwilden Land,
Das scheue Gethier jählings schreckte,
Trübselig jetzt hängt an der Wand.

Betracht' ich in müßiger Stunde
Sie still und von Wehmuth bewegt,
Dann mein' ich, daß rühmliche Kunde
Sie träumerisch heget und pflegt.

Und was sie erzählt, klingt wie Lieder
Aus ferner verschollener Zeit,
Gewissenhaft schreib' ich es nieder,
Sei's jauchzende Lust oder Leid.

Und ist erst das Trachten und Dichten
Des Alten endgültig verweht,
So wird sie zwar weiter berichten,
Doch Keiner da, der sie versteht.

Ein Weilchen gedenkt man des greisen
Erzählers vielleicht noch in Treu';
Die Büchse wird rostiges Eisen —
Und damit ist Alles vorbei. — — —

E. S. Mittler & Sohn, Königliche Hofbuchdruckerei, Berlin SW., Kochstraße 68—71.